AF410965

ÉLÉMENTS

D'HISTOIRE NATURELLE

POUR

L'INSTRUCTION ET L'AMUSEMENT

DES ENFANTS.

ANE.

Cet animal diffère beaucoup du cheval par la petitesse de sa taille, par ses
longues oreilles, par sa queue, qui
n'est garnie de poil qu'à l'extrémité,
par son port, qui n'a pas la noblesse
de celui du cheval, et par son braire
désagréable. On lui reproche plusieurs
vices dans le caractère; mais combien
de qualités utiles rachètent ses défauts!

Il est sobre, tempérant; on le met à
tout; il est dur et patient au travail;
c'est la ressource des gens de campa-
gne qui ne peuvent pas acheter un cheval et le nourrir. Cet animal est originaire d'Arabie. Il vit en société dans
la Libye, dans la Numidie; on en voit
des troupes qui marchent ensemble.
Lorsqu'ils aperçoivent quelqu'un, ils
jettent un cri et font une ruade, s'ar-
rêtent, et ainsi que les chevaux sauvages, ne fuient que lorsqu'on les approche. L'Ane s'est naturalisé sous d'autres climats : plus les pays sont froids,
plus cet animal a perdu de sa première
nature. Les Arabes en ont un aussi
grand soin que de leurs chevaux. Ils
les dressent à aller à l'amble : ils leur
fendent les naseaux, pour qu'ils puis-
sent respirer plus aisément dans la vitesse de la course, qui est aussi vive

que celle des chevaux. Cette espèce a dégénéré dans nos climats.

BLAIREAU.

Le Blaireau est farouche et ne s'apprivoise que dans l'extrême jeunesse : alors il suit comme le chien, auquel il ressemble par le museau. Il a sous la queue une espèce de poche, d'où il suinte une liqueur onctueuse et fétide qu'il aime à sucer. Il passe sa vie solitaire dans des souterrains pratiqués au milieu des forêts les plus sombres. Son gîte ténébreux est toujours propre; il n'y fait jamais ses ordures. On dit que le renard, qui connaît son goût pour la propreté, et qui n'a pas la même facilité que lui à creuser la terre, tâche de lui faire abandonner son domicile en l'infectant de ses ordures.

CAMÉLÉON.

Le Caméléon est une espèce de lézard qui se trouve au Mexique, en Arabie, en Égypte, au Sénégal. Sa gueule, très-ample, est garnie de petites dents. Sa langue est susceptible de s'allonger presque de la longueur de son corps. Elle est visqueuse. Lorsqu'il aperçoit des fourmis, des mouches ou autres insectes autour d'une branche, il les enveloppe avec sa langue, la retire, et les avale. Il peut vivre cinq ou six mois sans prendre de nourriture. Il se contente d'ouvrir la bouche, d'aspirer un air frais, et dans ce moment il fait des mouvements pleins de gentillesse. La particularité singulière qu'ont ces animaux, de paraître sous diverses couleurs, les a fait servir d'emblème pour désigner la basse adulation des flatteurs. Selon quelques naturalistes, chaque passion imprime à la peau de cet animal une teinte de couleur différente : dans la joie, il est d'un vert d'émeraude mêlé d'orange, entrecoupé de bandes grises et noires; dans la crainte, d'un jaune pâle; dans la colère, d'une couleur obscure et livide.

DEVIN.

Ce serpent, qui se trouve dans les déserts brûlants de l'Afrique, et que l'on nomme également Boa, parvient communément à la longueur de plus de six mètres, c'est le plus grand et le plus fort de tous les serpents. La nature lui a accordé la beauté, le courage et l'industrie. N'ayant point de venin, il emploie la ruse et la force pour s'assurer une proie.

Il y a de quoi frémir, en lisant dans les relations des voyageurs la manière dont l'énorme serpent Devin s'avance au milieu des herbes hautes et des broussailles, semblable à une longue poutre que l'on remuerait avec vitesse. On aperçoit de loin, par le mouvement des plantes qui s'inclinent sous son passage, l'espèce de sillon que tracent les diverses ondulations de son corps : on voit fuir devant lui les troupeaux de gazelles et d'autres animaux dont il fait sa proie. Le seul moyen de se garantir de sa dent meurtrière, dans ces solitudes immenses, est de mettre le feu aux herbes déjà à demi brûlées par l'ardeur du soleil; car le fer ne suffit pas contre ce dangereux ennemi, surtout lorsqu'il est irrité par la faim. En vain voudrait-on lui opposer des fleuves, ou chercher un abri sur des arbres : il nage avec facilité et s'enroule avec promptitude jusqu'aux cimes les plus hautes. Lorsque le Devin aperçoit un ennemi dangereux, ce n'est point avec ses dents qu'il commence le combat; mais il se précipite avec tant de rapidité sur sa malheureuse victime, l'enveloppe avec tant de contours, et la serre avec tant de force, qu'il rend ses armes inutiles, et la fait bientôt expirer sous ses puissants efforts. Si l'animal immolé est trop considérable pour que le Devin puisse l'avaler, malgré la grande ouverture de sa gueule et la facilité qu'il a de l'agrandir, il continue de presser sa proie, et l'entraîne auprès d'un gros arbre, dont il renferme le tronc dans ses replis, la place entre l'arbre et son corps, les environne l'un et l'autre dans ses nœuds vigoureux, et parvient à comprimer en tous sens le corps de l'animal qu'il a immolé. Après avoir donné à sa proie toute la souplesse qui lui est nécessaire, il continue de la presser pour l'allonger, et pétrit avec sa salive cet amas de chairs ramollies et d'os concassés. Quelquefois il ne peut en engloutir que la moitié : alors la dernière partie reste à découvert jusqu'à ce que la première ait été digérée. Cet animal terrible attaque principalement les bœufs, les chevaux et les gazelles. L'homme devient également sa proie.

ÉLÉPHANT.

Cet animal, le plus grand des quadrupèdes, habite les climats chauds de l'Afrique et de l'Asie. En considérant l'Éléphant à l'extérieur, il semble mal proportionné : son corps est gros et

court, ses pieds ronds et tortus, sa tête
grosse, ses yeux petits, et ses oreilles
très-grandes; mais, sous les dehors les
moins avantageux, il possède les meil-
leures et les plus étonnantes qualités.
Il a l'intelligence du castor, l'adresse
du singe, le sentiment du chien. A ce
mérite se réunissent des avantages par-
ticuliers : la force, la grandeur, la longue durée de sa vie. « Ses yeux, dit
» M. de Buffon, quoique petits relati-
» vement au volume de son corps, sont
» brillants et spirituels. C'est l'expres-
» sion pathétique du sentiment. Il les
» tourne lentement et avec douceur
» vers son maître. Il a pour lui le re-
» gard de l'amitié, celui de l'attention
» lorsqu'il parle, le coup d'œil de l'in-
» telligence lorsqu'il l'écoute, celui de
» la pénétration lorsqu'il veut le pré-
» venir : il semble réfléchir, délibérer,

1.

» penser, et ne se déterminer qu'a-
» près avoir examiné et regardé à plu-
» sieurs fois, et sans précipitation,
» sans passion, les signes auxquels il
» doit obéir. Il joint au courage la
» prudence, le sang-froid, l'obéissance;
» se souvient des bienfaits, des injures.
» A la voix de son maître, il modère sa
» fureur; dans sa colère, il ne mécon-
» naît point ses amis. Redoutable par
» sa force, il ne fait pas la guerre aux
» autres animaux; il ne se nourrit que
» de végétaux.»

On en voit qui ont jusqu'à cinq mètres de hauteur. Leur trompe est un
bras nerveux qui déracine les arbres,
et une main adroite qui saisit les corps
les plus minces et les détaille en petits
morceaux. L'Éléphant ramasse l'herbe
avec sa trompe et la porte à sa bouche;
lorsqu'il a soif, il trempe le bout de sa

trompe qu'il aspire, en remplit la cavité, la recourbe pour porter l'eau jusque dans son gosier. Il soulève avec sa trompe un poids de cent kilogrammes. L'Éléphant, outre sa trompe, est encore muni de défenses redoutables : ce sont deux espèces de dents, longues de plus d'un mètre et un peu recourbées en haut ; il s'en sert pour attaquer et se défendre contre ses ennemis.

Lorsque cet animal est en colère (ce qui lui arrive rarement), il n'y a que deux moyens de l'apaiser : l'un, de lui jeter quelques pièces d'artifice enflammées ; l'autre, de lui demander grâce, car il a de la générosité. Un homme qui gouvernait depuis longtemps un Éléphant, et qui l'avait trouvé toujours docile tant qu'il n'avait exigé de lui que des choses raisonnables, le maltraita un jour injustement. L'animal, outré de ce mauvais procédé, tua son maître. Cet homme avait une femme et deux fils encore très-jeunes. Sa femme, au désespoir, présenta ses enfants à l'Éléphant, comme pour lui dire de les immoler aussi. Ce tableau touchant attendrit l'animal irrité ; et pour réparer autant qu'il était possible le meurtre qu'il venait de commettre, il prit doucement avec sa trompe l'aîné des deux enfants, le plaça sur son dos, le regarda dès lors comme son maître, et se laissa toujours conduire par lui.

FURET.

Ce petit animal, originaire des pays chauds, est délié, souple, et grand chasseur de lapins. Son œil est vif, son naturel colère, et cependant facile à apprivoiser, et docile ; il sent mauvais, surtout lorsqu'on l'irrite. On élève en France les petits dans des cages ou tonneaux garnis d'étoupes : du pain, du lait et du son, voilà leur nourriture. L'homme , toujours industrieux pour tourner à son profit l'instinct et l'industrie des animaux, tire avantage du naturel carnassier du Furet. On le mène à la chasse; on le lâche dans les trous des lapins, après l'avoir muselé, afin qu'il ne tue pas les lapins dans le fond du terrier, et qu'il oblige seulement ceux qu'il a harcelés à en sortir et à se jeter dans le filet dont on couvre l'entrée. Si le furet n'était pas muselé, il sucerait le sang du lapin jusqu'à le faire mourir, puis il s'endormirait dans le terrier ; en sorte que le furet et le lapin seraient perdus pour le chasseur, surtout lorsque le terrier a plusieurs issues; et alors la fouille et la fumée que l'on fait dans le terrier ne sont pas toujours un sûr moyen de ramener le Furet, parce qu'il peut sortir sans qu'on le voie. Cette antipathie contre les lapins est tellement naturelle au Furet, que cet animal, dans sa plus grande jeunesse, s'éveille à la présence d'un lapin vivant ou mort; il se jette dessus avec fureur.

GIRAFE.

La Girafe offre des ressemblances avec le cerf, le chameau et le léopard, car elle a la bouche du premier, le cou et les pieds du second, et la peau tachetée du troisième. Son garrot, extrêmement élevé, ferait croire que ses jambes de derrière sont plus courtes que celles de devant, tandis qu'elles sont égales. Il est impossible à la Girafe de boire sans s'agenouiller, et de prendre quelque chose à terre sans écarter considérablement les jambes de devant. Aussi, le Créateur ne l'a pas destinée à paître, mais à se nourrir des feuilles et des fruits des arbres. Cet animal, qui a jusqu'à cinq mètres de hauteur, court fort vite et sait se défendre, par ses puissantes ruades, contre les bêtes féroces du désert. Il se sert comme d'une main de sa langue violette et longue de vingt-cinq à trente centimètres pour cueillir les fruits et les feuilles des arbres. Son œil fendu, brillant et doux, annonce des habitudes paisibles. On trouve la Girafe dans les déserts de l'Afrique.

HYÈNE.

L'Hyène se trouve dans les pays chauds de l'Afrique et de l'Asie. Elle est un peu plus grande que le loup, mais son corps est plus court et plus ramassé, et ses jambes plus longues, surtout celles de derrière. Son naturel est sauvage et solitaire. Elle habite les fentes des rochers, les cavernes, et les souterrains qu'elle se creuse. Son cri imite le mugissement du veau, ses yeux, brillants dans l'obscurité, voient mieux la nuit que le jour. L'Hyène est plus susceptible d'être apprivoisée que le loup ; mais, à voir son air sauvage et sournois, on la croirait excessivement féroce ; cependant, elle n'attaque presque jamais l'homme et ne s'en prend qu'à des animaux moins forts qu'elle. Cet animal suit de près les troupeaux, rompt souvent la nuit les clôtures des bergeries et les portes des étables pour dévorer les bestiaux. A défaut de proie, il déterre avec ses ongles les cadavres dont il fait sa nourriture. A Gondar, ville d'Abyssinie, il parcourt, durant la nuit, les rues qu'il nettoie en dévorant des charognes, des débris de viande. Des voyageurs y ont vu des enfants, armés d'un bâton, le mettre en fuite.

ICHNEUMON.

Ce petit animal, du genre des belettes, est vif, léger, colère, plein de courage, hardi, il rampe avec finesse, ou se lance comme un trait sur sa proie; il s'assied sur son derrière : ses jambes de devant lui servent de mains pour manger, de gobelet pour boire. Il a sous le ventre une poche, d'où suinte une liqueur odorante. Il est susceptible d'éducation, et s'apprivoise très-bien, devient familier et badin, prend de l'humeur lorsqu'on le trouble pendant qu'il mange ; car ses appétits sont véhéments. On lui a rendu en Égypte les honneurs divins, à cause des grands services qu'il rend : il déterre dans le sable les œufs de crocodiles, mange les jeunes, attaque des serpents venimeux. Les morsures qu'il reçoit dans les combats ne lui font pas lâcher prise. On prétend qu'il a l'art de se cuirasser ; il se vautre dans la boue, qui se sèche sur lui, et qui lui forme une sorte de cuirasse.

JOCKO.

Le Jocko est l'un des plus grands singes. Sa taille égale presque celle de l'homme. Il marche debout et demeure sur les arbres, entre les branches desquels il se construit, pour lui et sa famille, une espèce de hutte. Sa nourriture, de même que celle de tous les singes, consiste principalement en fruits. Rien n'égale son agilité. On en a vu sur des navires grimper aux mâts, aux vergues et aider les matelots dans la manœuvre. Un voyageur, qui possédait un singe de cette espèce, rapporte qu'il mangeait volontiers du lait, des légumes, du miel, du poisson et de la viande. Il était excessivement friand de sucreries. Aussi, quand quelqu'un en avait en poche, il les dérobait fort adroitement. Son seul défaut était d'être un peu voleur. Il servait fort bien à table, savait déboucher une bouteille de vin et boire en trinquant. Il était surtout heureux et fier lorsque son maître le faisait dîner avec lui. Les grands singes se trouvent en Afrique et dans plusieurs îles de l'Océanie.

KANGUROO.

Le Kanguroo est un des plus singuliers animaux qui existent. Imaginez un animal de la grosseur du mouton, dont les jambes de derrière sont six fois plus longues que celles de devant; aussi ne marche-t-il que par sauts et par bonds, franchissant ainsi des espaces de six ou huit mètres. Quand il est en repos, il se tient ordinairement sur son séant, s'appuyant sur sa queue, qui est longue et très-grosse. Ce qu'il y a encore de remarquable chez le Kanguroo, c'est une grande poche que la femelle a sur son ventre, et où ses petits viennent se réfugier dès qu'ils sont menacés de quelque danger. La mère se sauve avec eux en faisant des bonds si prodigieux, que les chiens des chasseurs ne peuvent l'atteindre. La chair du Kanguroo est bonne à manger. Cet animal se trouve en Australie.

LION.

Le Lion est le plus fort et le plus terrible des animaux ; d'un coup seul de sa queue, il peut tuer un homme ; mais il n'attaque que lorsque la faim le presse. Pris jeune, il s'apprivoise, et à tout âge il est sensible aux bienfaits. Une lionne que l'on tenait enchaînée fut atteinte d'un mal violent qui l'empêchait de manger ; comme on désespérait de sa guérison, on lui ôta sa chaîne et on jeta son corps dans un champ. Ses yeux étaient fermés, et sa gueule se remplissait de fourmis, lorsqu'un passant l'aperçut. Croyant remarquer quelque reste de vie dans cet animal, il lui fit avaler un peu de lait. Un remède si simple eut les effets les plus prompts. La lionne guérit, et elle conçut une telle affection pour son bienfaiteur, qu'elle se laissait conduire avec un cordon, comme le chien le plus familier. Tel est le pouvoir des bienfaits sur les caractères même les plus rebelles.

Les lions se trouvent en abondance, en Asie et en Afrique.

MARMOTTE.

La Marmotte habite les Alpes, les Pyrénées. Le lieu de sa retraite est de préférence l'exposition du levant et du midi. Cette animal se nourrit d'insectes, de fruits, de légumes, n'a point d'appétit véhément, vit en petite société, sommeille presque toujours. Son domicile est construit avec un art singulier sur le penchant d'une colline. Il creuse un trou en forme d'*y*. Une des branches plus élevée sert d'entrée. Le fond, en cul-de-sac, est sa retraite. L'autre branche, disposée en pente, plus basse que la première, sert à faire écouler dehors les excréments et les urines. Mollesse, propreté, règnent dans son habitation. Il repose sur des couchettes d'herbes fines et de mousse. Plusieurs se réunissent ensemble pour construire le domicile. L'un creuse, d'autres vont chercher la mousse. On a prétendu que chacun d'eux servait de voiture à son tour. Il se met, dit-on, sur le dos; on le charge de mousse, de foin; ses jambes servent de ridelles. On traîne ainsi la provision. C'est, dit-on, la raison pour laquelle leur dos est toujours pelé. Comme ces animaux habitent continuellement sous terre, cette raison seule suffit pour expliquer le fait. Le domicile une fois préparé, est pour tous les descendants de chaque famille, à moins que quelque chasseur ou quelque bouleversement souterrain ne le détruise. Chaque femelle met bas cinq ou six petits. On ne sort que lorsque le temps est chaud, beau, serein. On va jouer, se divertir, brouter l'herbe avec sécurité. Une sentinelle,

placée sur le sommet d'un rocher, aver-
tit la troupe du moindre danger. Aper-
çoit-elle un aigle, un chien, un homme,
elle donne un coup de sifflet : toute la
gent marmottine se retire dans sa ta-
nière. La sentinelle ne rentre que la
dernière. A l'approche de l'hiver, les
Marmottes bouchent les deux ouver-
tures de leur domicile avec de la terre
si exactement qu'on n'en peut distin-
guer la place. Ces petits animaux se
roulent les uns à côté des autres, à trois
ou quatre pouces de distance. Leur
sang n'a que le degré de chaleur de la
température de l'air. Dès que le froid
commence, il circule avec plus de lenteur, et cette lenteur suit la progression
du froid. Pendant l'hiver, ils restent engourdis dans un état de léthargie sans
prendre de nourriture. Comme ils ne
perdent alors presque rien par la trans-

piration, ils n'ont pas besoin de réparer. C'est pendant l'hiver qu'on les saisit dans leur retraite. En été, ils creuseraient sous terre, à mesure qu'on avancerait. Ces animaux deviennent familiers. Ils s'asseient sur le derrière, se servent de leurs pattes de devant comme de mains pour manger. Les Savoyards indigents dressent cet animal à plusieurs petits exercices, et le promènent dans toute l'Europe. L'adresse avec laquelle il grimpe entre deux rochers leur a, dit-on, servi de leçon pour grimper dans les cheminées.

NIL-GAUT.

Cet animal ressemble un peu au cerf, mais il est plus grand et, au lieu d'un bois rameux, comme celui-ci, il porte des cornes. Son pays natal est le

nord de l'Hindoustan, en Asie. Le Nil-
Gaut est fort doux , on l'apprivoise facilement. Sa chair est bonne à manger.
On a pensé à le multiplier en France,
où il se rendrait fort utile par sa vitesse et sa force.

OURS.

On trouve des Ours dans les monta-
gnes des Alpes et des Pyrénées, dont
une partie se trouve en France. Il y en
a aussi dans la plupart des autres pays
de l'Europe. On rencontre dans l'Amérique septentrionale l'Ours gris, tellement fort et si féroce qu'on l'a sur-
nommé l'*Ours terrible*. Dans les con-
trées du Nord, où les froids sont exces-
sifs, et où la mer se couvre de monta-
gnes de glace, il y a des ours tout
blancs qui se nourrissent du poisson

qu'ils peuvent prendre en allant sur les glaçons flottants. Ces Ours, très-carnassiers, ne manquent pas d'attaquer les voyageurs qui se hasardent dans ces tristes pays. Il n'en est pas de même de l'Ours noir qui se nourrit de racines plutôt que de chair. On voit des saltimbanques le conduire muselé dans les foires et le faire danser d'une manière grotesque, au son de la flûte et du tambourin. Au reste, l'Ours est, en général, sournois et vindicatif, et il est dangereux de s'y fier.

PANTHÈRE.

L'œil inquiet et farouche de cet animal annonce la férocité de son caractère. Habitant des climats brûlants de l'Afrique et de l'Asie, les forêts les plus

épaisses lui servent de repaire. Il n'en
sort que pour rôder autour des habita-
tions isolées et sur les bords des fleuves,
et dévorer les animaux domestiques
et autres qui vont avec sécurité s'y désaltérer. La panthère est agile, ses mouvements sont brusques. Elle grimpe
facilement aux arbres. Les chats sauvages n'échappent pas à son appétit
vorace. Ses dents fortes et aiguës et
ses ongles tranchants sont les armes
offensives dont elle se sert pour déchi-
rer cruellement sa proie. Ses cris imi-
tent la voix d'un dogue furieux. Cet animal ne se jette sur l'homme que dans
un accès de colère ; mais cette fierté
sauvage et sanguinaire cède quelquefois, et jusqu'à un certain point, à
l'adresse humaine. Les habitants de
la Barbarie viennent à bout de domp-
ter la Panthère, de la dresser, et de

s'en servir au lieu du chien pour aller à la chasse. Enfermée dans une cage de fer, et traînée sur une charrette, on ne lui donne la liberté qu'à la vue du gibier. Elle s'élance avec impétuosité, se jette en trois ou quatre sauts sur la bête, la terrasse et l'étrangle. La honte d'avoir manqué son coup la rend si furieuse, qu'elle attaquerait son maître si celui-ci n'avait la précaution de lui lâcher soit un agneau, soit un chevreuil, ou de lui jeter des morceaux de viande dont il a fait provision pour opposer à sa rage. Les voyageurs, les Nègres et les Indiens mangent volontiers la chair de la Panthère. Sa belle fourrure est très-estimée.

QUA-PACTOL.

On l'appelle aussi l'OISEAU RIEUR. Il habite le Mexique. Une chose fort curieuse, c'est que son cri imite parfaitement le rire de l'homme. On raconte que des matelots qui cherchaient un de leurs camarades, égaré dans une petite île où ils étaient descendus depuis deux jours, trompés par le cri de cet oiseau, s'imaginèrent que c'était leur camarade qui se cachait et se moquait d'eux; ce qui les mit contre lui dans une colère d'autant plus grande que depuis quatre heures ils couraient après lui sans pouvoir l'attraper, quoiqu'ils crussent bien l'entendre rire : ce qui les taquina tant, que d'un commun accord ils lui promirent une bonne volée de coups de bâton s'ils pouvaient l'attraper. Enfin, à force de recherches, ils trouvèrent le pauvre diable, qui, de son côté cherchait depuis longtemps, et accourut à eux les bras ouverts de joie ; mais pour embrassade ils commencèrent par lui appliquer chacun une douzaine de coups de bâton, en lui criant tous à la fois aux oreilles : Ris ! ris ! ris ! Mais le pauvre diable, au lieu de rire, se mit à crier comme un aveugle, en se sentant étriller de la sorte ; et ils l'auraient rossé bien plus longtemps si l'oiseau qui était cause de cette mauvaise aventure n'était venu se percher positivement au-dessus de la tête de ce malheureux, en riant de toutes ses forces, ce qui faisait un drôle de charivari. On s'aperçut alors de la méprise, et une bouteille de vin qu'ils donnèrent au pauvre battu, le rendit gai comme pinson.

RENARD.

Ce que le loup fait par la force, le Renard le fait par la ruse, et réussit mieux; mais sa finesse est toujours accompagnée de bassesse et de méchanceté. Il commence par creuser à l'entrée d'un bois une demeure souterraine pour se mettre en sûreté avec sa famille. De là il entend les coqs des villages voisins, et, dirigé par leur voix, il vient la nuit rôder doucement autour des basses-cours. S'il peut pénétrer dans un poulailler, il met toutes les volailles à mort, et les emporte les unes après les autres dans son terrier. Son adresse est telle, qu'il surprend les oiseaux qui voltigent le long des haies.

Cet animal vorace détruit les lapereaux, les levrauts, et saisit même quelquefois les lièvres au gîte. Quand il trouve une caille ou une perdrix sur ses œufs, il mange la mère et les enfants a naître. Pressé par la faim, il dévore des mulots, des grenouilles ; il se nourrit aussi d'insectes, de fruits et de miel.

Sa peau mue quand il est pris jeune ou pendant l'été. En France, il est ordinairement de couleur rousse, avec la gorge mêlée de blanc et de noir ; mais on connaît dans le Nord le renard blanc, le noir, le bleu, le gris de toutes nuances, le blanc à pieds fourrés, le blanc à tête noire, etc. Sa longueur moyenne est de soixante-quinze centimètres.

LE REQUIN.

C'est un poisson vorace qui habite les mers des pays chauds, il a jusqu'à 6 mètres de longueur sur 4 ou 5 de circonférence ; sa gueule, garnie de plusieurs rangées de dents tranchantes comme un rasoir, est si large qu'il peut avaler un homme tout entier.

Le Requin s'attache à la suite des navires pour se nourrir des immondices et des cadavres qu'on jette du bord. Tout lui est bon ; malheur au cuisinier qui a mis dessaler un morceau de bœuf à la mer, ou au matelot qui, après avoir lavé ses vêtements, les tient plongés dans l'eau, attachés à une corde, pour les rincer ; si le Requin passe par là, le matelot ou le cuisinier ne retirent de la mer qu'une corde proprement coupée, car l'animal a tout avalé. Il est dangereux de se baigner dans les parages infestés par le Requin. Mais la gueule de cet animal, étant placée en dessous, il doit se retourner sur le dos pour engloutir sa victime ; ce qui donne quelquefois le temps au malheureux nageur de regagner sa barque.

SINGE.

Le Singe est bien le plus drôle d'animal qu'on puisse voir : vif, spirituel, d'une adresse presque incroyable, il ne lui manque absolument que la parole. L'idée qu'en ont les Nègres d'une partie de l'Amérique est plaisante. Ils disent, en parlant des singes : *Eux petit peuple, et eux pas parler, paque eux veut pas travailler*. On raconte qu'un marchand de bonnets de coton, voyageant à pied dans un pays où ces animaux se trouvent en grand nombre, se coucha sans y faire attention sous un arbre sur lequel il y en avait beaucoup ; et comme son chapeau le gênait pour dormir, il l'ôta, défit son ballot,

en tira un bonnet, le mit sur sa tête
et s'endormit fort paisiblement. Les
singes, qui le regardaient faire très-at-
tentivement, ne l'eurent pas plutôt
entendu ronfler, qu'ils descendent tous,
ouvrent bien doucement le ballot, en
tirent chacun un bonnet de nuit, le
mettent sur leur tête, et regrimpent,
ainsi coiffés, se remettre à leur place.
Lorsque notre marchand fut réveillé.
son premier soin fut de jeter les yeux
sur son ballot; mais quel fut son chagrin
de le trouver vide à cela près d'une
dizaine de bonnets qui n'avaient pas
trouvé de maîtres! Il crie : Aux voleurs!
il tempête, et dans son désespoir il lève
les yeux au ciel pour l'accuser de son
malheur; mais quelle fut sa surprise
de voir au-dessus de lui une centaine
de mauvais garnements de Singes avec
chacun un bonnet sur la tête, qui le

regardaient bien tranquillement se désoler! Dans le premier moment de sa surprise, il ne put s'empêcher de rire comme un fou d'un spectacle aussi drôle; mais quand il vint à réfléchir au moyen de ravoir ses bonnets, il n'eut plus envie de rire. En effet, comment s'y prendre? Courir après une centaine de singes! il se serait bien rompu cent fois le cou qu'il n'en aurait pas seulement eu la queue d'un. Enfin, à force de réfléchir, il s'avisa d'un excellent moyen : ce fut d'ôter son bonnet de dessus sa tête, d'en faire une petite pelote en le roulant, et de le jeter ainsi à terre de toutes ses forces. Il n'eut pas plutôt fini que voilà tous nos singes qui se décoiffent, font de petites pelotes de leurs bonnets et les jettent à terre. Il ne faut pas demander si notre marchand fut prompt à les ramasser et à décamper. Les Singes se trouvent en Afrique et dans les climats chauds de l'Asie.

TIGRE.

Ce quadrupède redoutable habite l'Hindoustan et les grandes îles de la Malaisie. La force, l'agilité, la légèreté, la souplesse, secondent son naturel féroce et carnassier. Cruel par instinct, méchant par caractère, furieux par habitude, toujours altéré de sang, cet animal destructeur, plus à craindre que le lion, sans attendre le besoin, sans être excité par le désir de la vengeance, étrangle, met en pièces, dévore tous les êtres animés qu'il peut atteindre. Sa rage insatiable ne connaît point d'intervalles. C'est un tyran brutal qui voudrait dépeupler l'univers pour régner seul au milieu des victimes qu'il immole à sa fureur, ses dents meurtrières, ses ongles crochus, mobiles et tranchants, sont les instruments de sa tyrannie. Sa férocité est peinte dans ses yeux hagards et étincelants; sa malice, dans sa figure basse. Une face mobile, une gueule ensanglantée, une langue pendante, une voix rugissante, un grincement de dent continuel, tels sont les signes apparents de sa cruauté : troupeaux domestiques, bêtes sauvages, petits éléphants, jeunes rhinocéros, rien n'échappe à ses poursuites. Il s'élance par bonds sur sa proie, plonge sa tête dans l'animal qu'il éventre, en succe le sang avec avidité, semble regretter celui qui se perd par effusion. Pour jouir en paix de sa conquête, il entraîne au fond des bois avec une rapidité singulière le buffle, le cheval et autres gros animaux, et les dépèce à son aise sans admettre d'associé, sans souffrir de partage.

Il n'est permis à aucun être vivant d'exister partout où réside le Tigre. A Sumatra, les maisons sont élevées sur des pieux de bambou pour se mettre à l'abri de ses incursions. Dans le Gange, il se met à la nage, surtout pendant la nuit, et s'élance sur les petits bâtiments qui sont à l'ancre. On est obligé de veiller continuellement. La terreur qu'il répand dans les lieux qu'il habite l'exposerait à mourir de faim s'il n'avait recours à la ruse. Il attend au bord des fleuves et des lacs les animaux qui viennent s'y désaltérer. Tous les soins d'une éducation douce, paisible, le changement de nourriture les bons traitements, la contrainte, l'esclavage, rien ne peut adoucir le caractère indocile et carnassier du Tigre.

Le combat d'un Tigre contre trois éléphants, rapporté par le P. Taschard, était fort inégal. On fit entrer au milieu d'une enceinte de trente mètres en carré trois éléphants destinés pour combattre le Tigre : ils avaient un grand plastron en forme de masque pour les garantir. Le Tigre, enchaîné par deux cordes, ne fut mis en liberté dans l'arène qu'après avoir été terrassé par la trompe d'un éléphant. Revenu de son étourdissement, il se releva avec fureur, jeta des hurlements épouvantables, et aurait déchiré la trompe si l'éléphant ne l'eût repliée lestement à l'ombre de ses défenses, avec lesquelles il fit sauter le Tigre en l'air. Celui-ci vaincu, mais plus terrible, s'élançait quelquefois vers les loges des spectateurs. Les trois éléphants s'avancent vers lui, le frappant rudement ; il

contrefait le mort. C'en était fait de lui,
si l'on n'eût pas fait cesser le combat.

UNAU.

Cet animal, qui est de la grosseur
du mouton, se trouve dans la partie
méridionale de l'Amérique. Il est si
paresseux et si lent, qu'il lui faut un
jour entier pour grimper sur un arbre,
et un jour aussi pour en descendre ; il
est même obligé de se laisser tomber
pour en finir. Heureusement qu'il n'est
pas né sensible.

VEAU MARIN.

Cet animal est véritablement amphi-
bie. Ses membres lui servent plutôt de
nageoires que de jambes ; aussi ne peut-
il que se traîner sur la terre, tandis

qu'il nage très-bien. Sa tête est ronde comme celle de l'homme, ses yeux grands et expressifs. Il fréquente les côtes plus que la haute mer, est presque insensible au chaud et au froid, et vit d'herbes marines et de poisson. Il a l'ouïe très-fine, miaule comme un chat dans sa jeunesse, et aboie comme un chien enroué lorsqu'il est plus fort. Le veau marin vient souvent dormir à terre, ou sur les rochers, ou sur les glaçons, surtout au soleil. Il imite en ronflant le beuglement du veau, et se laisse approcher sans s'éveiller. Il est naturellement courageux. Ses dents tranchantes et ses ongles crochus sont des armes vigoureuses avec lesquelles il se défend. C'est au reste un animal fort doux et susceptible d'attachement. Il est très-intelligent et facile à apprivoiser.

XOCHITON.

On nomme aussi cet oiseau l'ɪɴᴄᴏɴɴᴜ, parce que d'abord il est fort rare, et ensuite si sauvage, qu'on n'en peut approcher qu'à une grande distance. Il se trouve dans le Mexique.

YGUANE.

L'Yguane, espèce de lézard, forme, par l'éclat de ses couleurs et le brillant de ses écailles, un des principaux ornements de ces immenses forêts qui couvrent une partie de l'Amérique méridionale. Cet animal ne cherche point à nuire et ne se nourrit que de végétaux et d'insectes. Il ne laisse pas cependant d'intimider lorsque,

agité par la colère et animant son re-
gard, il fait entendre un sifflement,
secoue sa longue queue, gonfle sa
gorge, et redresse ses écailles hérissées
de pointes. Lorsqu'il a reçu quelque
éducation, il reste volontiers dans les
jardins, et passe même la plus grande
partie du jour dans les appartements. Sa
chair est excellente à manger. La femelle
pond depuis treize œufs jusqu'à vingt-
cinq. Les Yguanes se retirent dans des
creux de rochers ou dans des trous d'arbres. On les voit s'élancer avec une agilité merveilleuse jusqu'au plus haut des
branches, autour desquelles ils s'entor-
tillent de façon à cacher leur tête au milieu des replis de leur corps. Lorsqu'ils
sont repus, ils vont se reposer sur les
rameaux qui avancent au-dessus de
l'eau, et demeurent comme engourdis.
C'est ce moment que l'on choisit au

Brésil pour les prendre. Lorsqu'un chasseur voit un de ces animaux ainsi étendu sur des branches, et s'y pénétrant de l'ardeur du soleil, il commence à siffler : l'Yguane, qui semble prendre plaisir à l'entendre, avance la tête peu à peu ; le chasseur s'approche en continuant de siffler, et chatouille la gorge de l'animal avec le bout d'une perche. Celui-ci souffre cette espèce de caresse sans témoigner aucune peine, se retourne même comme pour en jouir avec volupté. Lorsqu'il a porté sa tête hors des branches, le chasseur lui passe au cou une corde noire en forme de lacs, qu'il a au bout d'un bâton, et le fait tomber à terre par une violente secousse.

ZÈBRE.

Cet animal, de l'Afrique méridionale, tient le milieu entre le cheval et l'âne ; sa peau est rayée de noir et de jaune clair, avec tant de symétrie qu'il semble qu'on a pris le compas pour la peindre. Il est aussi sobre que l'âne et égale la vitesse du cheval, s'il ne la surpasse pas. Mais on ne peut ni le monter, ni le faire servir à l'attelage, car il a un caractère opiniâtre, indocile et très-irritable. Il s'emporterait et briserait la voiture, ou jetterait son cavalier par terre. Avec sa gentillesse, on le préférerait au cheval, s'il était, comme lui, susceptible d'éducation.

FIN.

Saint-Denis. — Typographie de DROUARD.